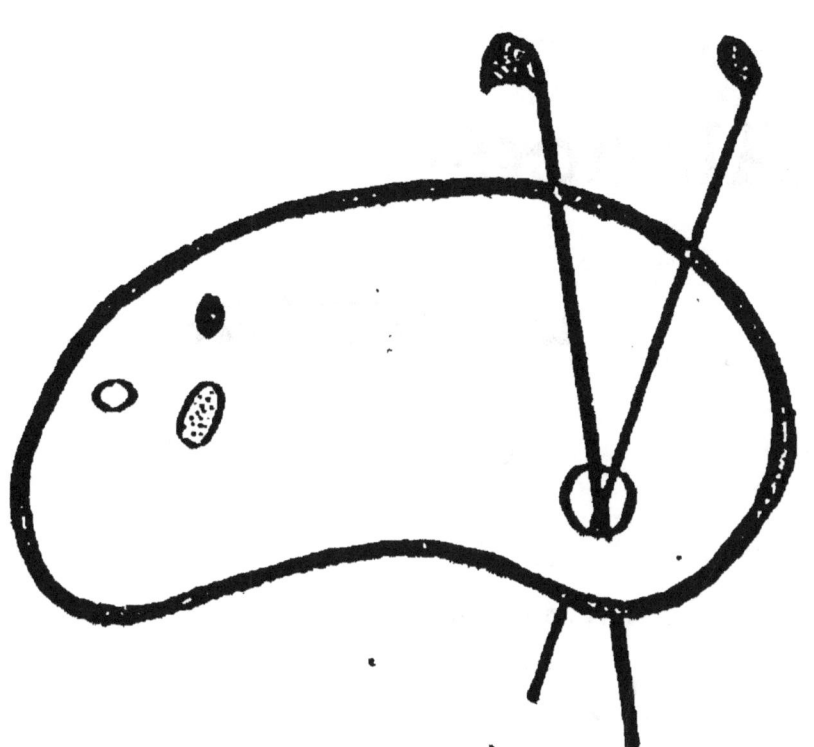

DEBUT D'UNE SERIE DE DOCUMENTS EN COULEUR

L'Alsace-Lorraine

Prix : 50 centimes

PARIS
A. CHARLES, LIBRAIRE
8, RUE MONSIEUR-LE-PRINCE

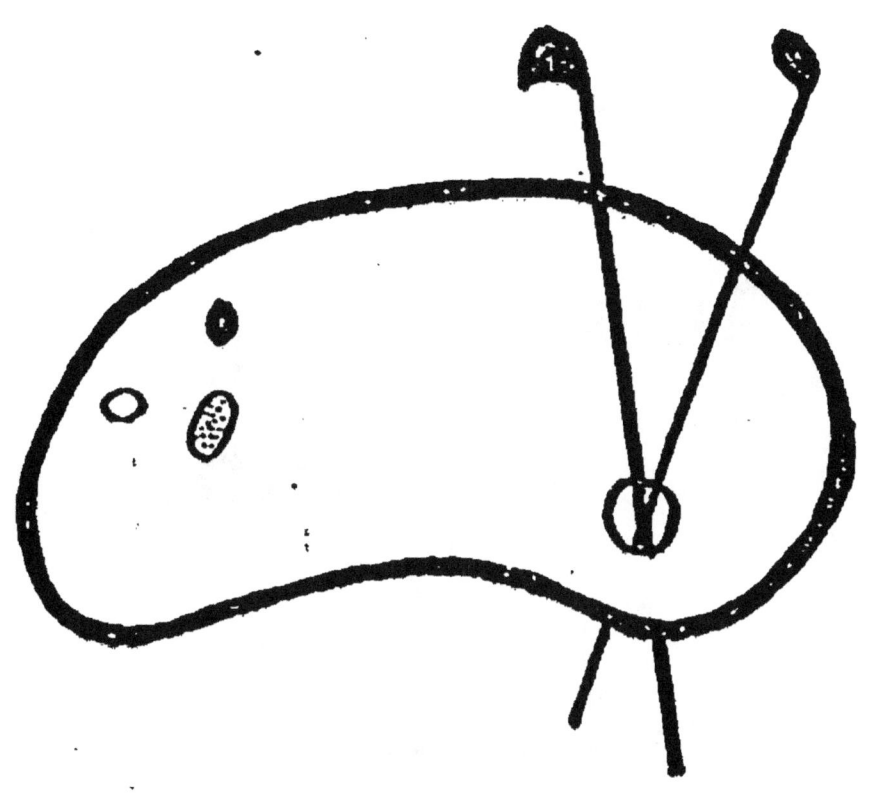

FIN D'UNE SERIE DE DOCUMENTS EN COULEUR

L'Alsace-Lorraine

Prix : 50 centimes

PARIS
A. CHARLES, LIBRAIRE
8, RUE MONSIEUR-LE-PRINCE

L'Alsace-Lorraine

Un splendide éclair vient de déchirer, pour un instant au moins, les nuages menaçants qui assombrissent presque partout le ciel de notre pauvre terre; sa brusque apparition m'engage à publier la présente note, ce que j'avais hésité à faire jusqu'à présent.

Il n'y a qu'une voix pour rendre hommage à l'admirable initiative prise par le jeune empereur de Russie; mais déjà, de bien des côtés, on signale les difficultés de tout ordre que soulève ce problème.

La plus importante de toutes paraît être celle de l'Alsace-Lorraine.

L'Allemagne victorieuse nous a imposé une énorme indemnité et des traités de commerce onéreux; rien à dire à ces exigences. Mais, en vertu de l'axiome de Bismarck : *La force prime le droit*, elle nous a arraché deux provinces, sans, bien entendu, que ce bétail humain dont elle s'est emparé, ait été consulté sur ce changement de nationalité.

Si la conférence proposée consacre cette violation de tout droit et de toute justice, l'Allemagne acceptera peut-être un désarmement partiel; sinon, non.

Si, au contraire, la conférence trouve à la question d'Alsace-Lorraine une solution amiable acceptable par les deux puissances intéressées, la France sera la première à entrer dans les vues du magnifique programme tracé par son allié; sinon, non!

Il semble, dès lors, qu'il y a lieu d'examiner avant tout cette redoutable question, et je ne crois pas excéder mes droits de bon citoyen en émettant mes idées à ce sujet.

Quelques mots d'abord sur l'idée de revanche.

Les Allemands, et la plupart des étrangers, s'imaginent que le ressentiment de la défaite et le désir violent de fermer la blessure faite à notre amour-propre national par les événements de 1871 sont profondément incrustés au fond du cœur de tous les Français, et que c'est surtout cette question d'amour-propre qui amènera tôt ou tard la France à se battre avec l'Allemagne.

C'est une erreur.

On ne peut nier qu'il nous serait fort agréable de voir une armée française victorieuse rendre à Berlin la visite que nos voisins nous ont faite à Paris; mais le désir de *rosser* à notre tour nos adversaires n'est chez nous que secondaire.

Ce qui nous tient surtout au cœur, c'est de rentrer en possession de nos deux provinces, et cela, *même pacifiquement*, et sans avoir le plaisir de battre nos ennemis.

La haine, la rancune, la soif de vengeance ne sont pas les défauts du caractère français.

Une génération a déjà passé depuis 1871. Encore une autre génération, et, pour la plupart des Français, Sedan deviendra un fait historique, comme Moscou, Leipzig, Waterloo, comme Magenta, Sébastopol, Rivoli, Wagram, Austerlitz, Auerstædt, Iéna et tant d'autres.

Est-ce que les Français instituèrent des fêtes commémoratives de leurs victoires? est-ce qu'ils renouvellent tous les ans une insulte aux ennemis qu'ils ont vaincus?

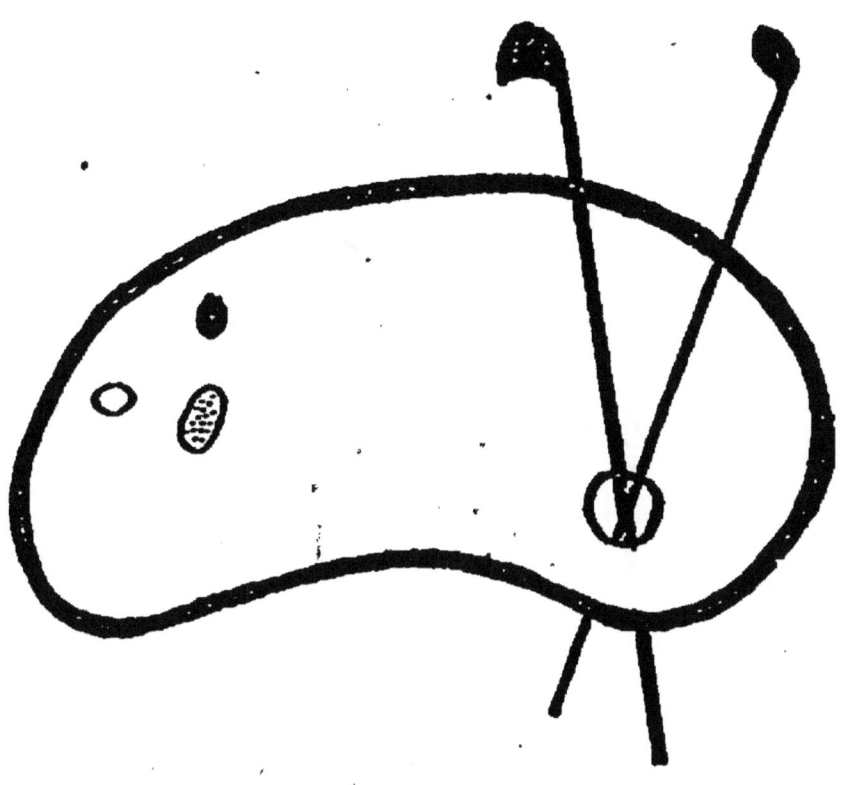

ORIGINAL EN COULEUR
NF Z 43-120-8

www.ingramcontent.com/pod-product-compliance
Lightning Source LLC
Chambersburg PA
CBHW071426060426
42450CB00009BA/2037